0

null

zero

10

zehn

dziesięć

20

zwanzig

dwadzieścia

30

dreißig

trzydzieści

40

vierzig

czterdzieści

50

fünfzig

pięćdziesiąt

60

sechzig

sześćdziesiąt

70

siebzig

siedemdziesiąt

80

achtzig

osiemdziesiąt

90

neunzig

dziewięćdziesiąt

100

einhundert

sto

1000

eintausend

tysiąc

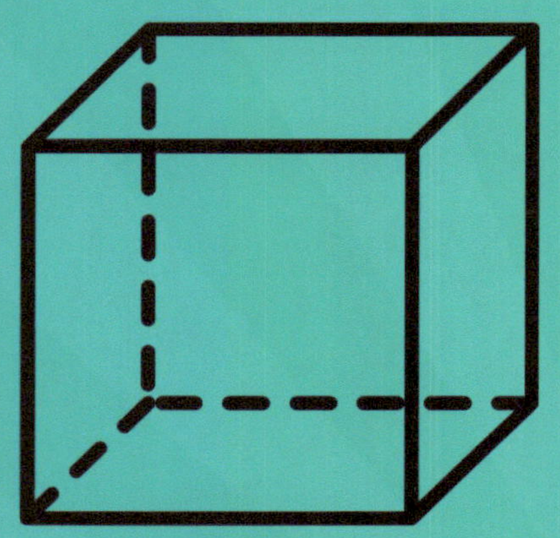

Würfel

sześcian

Spielbaustein

blok

Eiswürfel

kostka lodu

Karamell

karmel

Zucker

cukier

Würfel

kostki do gry

Geschenkbox

pudełko upominkowe

Pappkarton

pudełko kartonowe

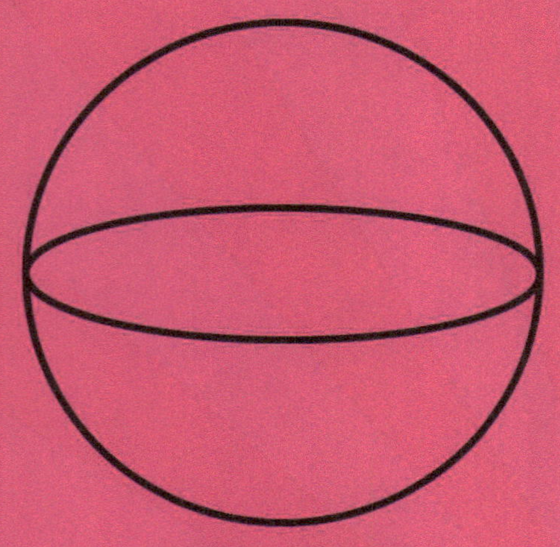

Kugel

kula

Eiskugel

gałka do lodów

Perle

perła

Blase

bańka

Murmeln

kulki

Schneeball

śnieżka

Planet

planeta

Tennisball

piłka tenisowa

Zylinder

walec

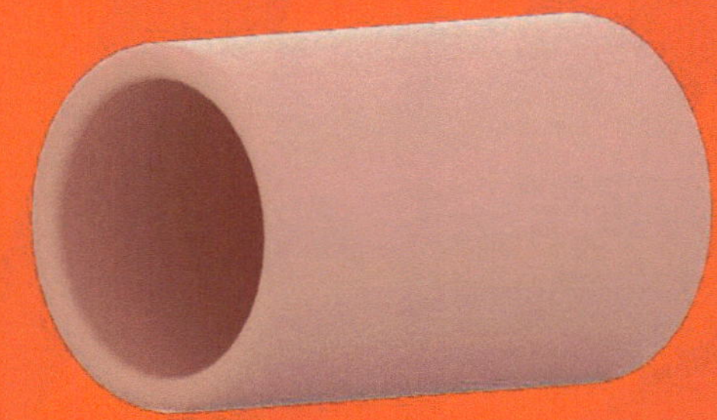

Rohr

rura

Batterien

baterie

Garnspule

szpula nici

Zimt

cynamon

Nudelholz

wałek do ciasta

Wurst

kiełbasa

Heuballen

bela siana

Kegel

stożek

Verkehrskegel

stożek drogowy

Eiswaffel

rożek do lodów

Hexenhut

kapelusz wiedźmy

Kerker

loch

Tannenbaum

jodła

Partyhut

czapka imprezowa

Schnecke

ślimak

Brombeere

jeżyna

Johannisbeere

porzeczka

Clementine

klementynka

Durian

durian

Drachenfrucht

smoczy owoc

Jackfrucht

dżakfrut

Sternfrucht

karambola

Spargel

szparag

Radieschen

rzodkiewka

rote Bohne

czerwona fasola

Rübe

rzepa

Maniok

maniok

Süßkartoffel

pochrzyn

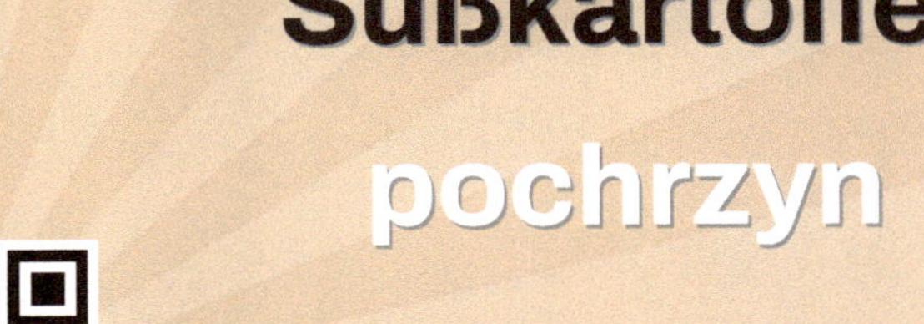

Kichererbsen

ciecierzyca

Adler

orzeł

Fledermaus

nietoperz

Biber

bóbr

Flamingo

flaming

Rabe

kruk

Amsel

kos

Blaumeise

sikora modra

Elster

sroka

Schwalbe

jaskółka

Lerche

skowronek

Sittich

papużki nierozłączki

Specht

dzięcioł

Pfau

paw

Papagei

papuga

tukan

tukan

Storch

bocian

Koralle

koral

Seeanemone

ukwiał morski

Seeigel

jeżowiec

Seepferdchen

konik morski

Clownfisch

błazenek

Goldfisch

złota rybka

Krabbe

krab

Einsiedlerkrebs

biernatek

Delfin

delfin

Narwal

narwal

Oktopus

ośmiornica

Tintenfisch

kałamarnica

Walhai

rekin wielorybi

Orca

orka

Blauwal

płetwal błękitny

Belugawal

białucha

Hammerhai

rekin młot

Weißer Hai

rekin biały

Zitronenhai

żarłacz żółty

Tigerhai

żarłacz tygrysi

Heuschrecke

konik polny

Raupe

gąsienica

Skorpion

skorpion

Eidechse

jaszczurka

Dinosaurier

dinozaury

schwarzes Haar

czarne włosy

rotes Haar

rude włosy

braunes Haar

brązowe włosy

blondes Haar

blond włosy

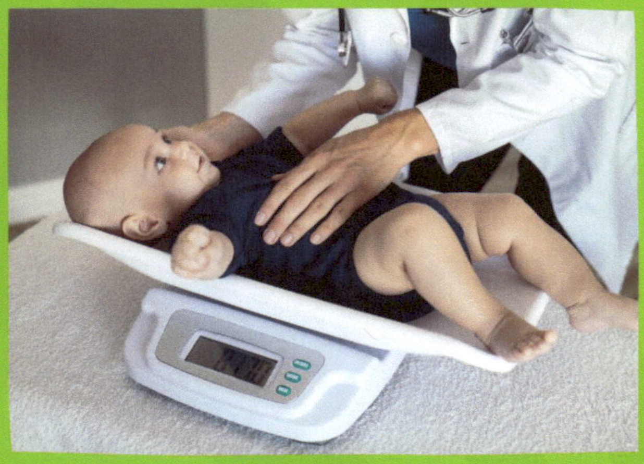

Waage

waga

Krankenhaus

szpital

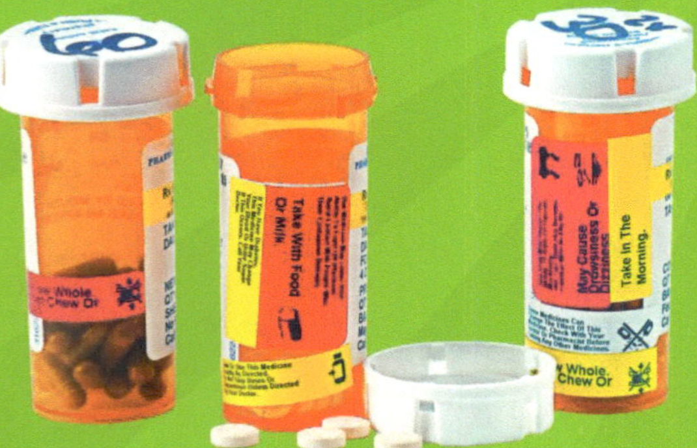

Medizin

lekarstwo

Thermometer

termometr

Verband

bandaż

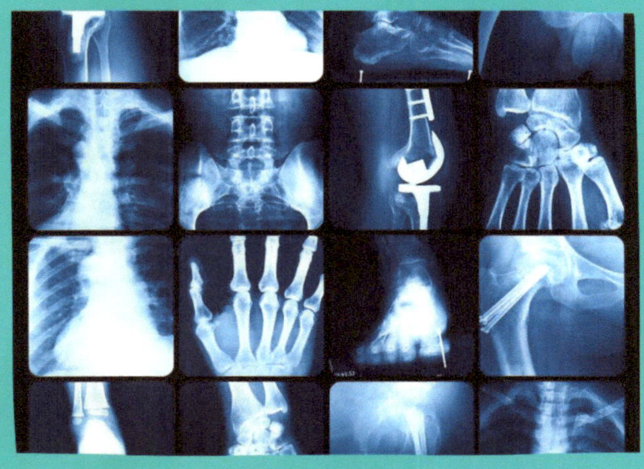

Röntgen

zdjęcie rentgenowskie

Doktor

lekarz

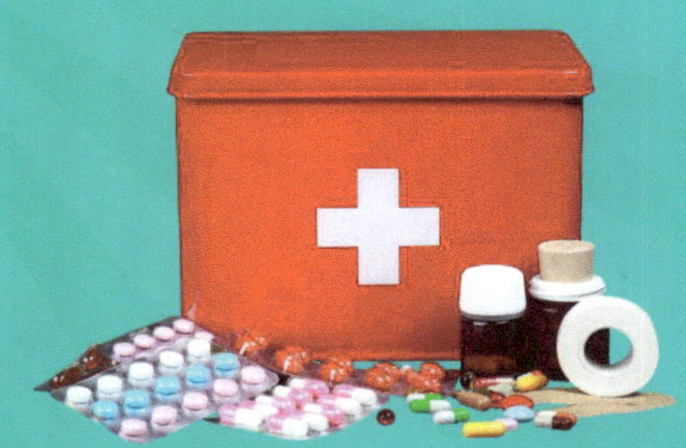

Erste-Hilfe-Kasten

apteczka pierwszej pomocy

spielen

grać

zeichnen

rysować

zählen

liczyć

schreiben

pisać

Tanzen

taniec

Schwimmen

pływanie

Skifahren

narciarstwo

Basketball

koszykówka

Tennis

tenis

Tischtennis

ping pong

Fußball

piłka nożna

Reiten

jazda konna

Eishockey

hokej na lodzie

Judo

judo

Boxen

boks

Laufen

bieganie

Baseball

baseball

Kricket

krykiet

Rugby

rugby

Volleyball

siatkówka

Maracas

marakasy

Tamburin

tamburyn

Xylophon

ksylofon

Geige

skrzypce

Klavier

fortepian

Gitarre

gitara

Cello

wiolonczela

Harfe

harfa

Trommel

bęben

Djembe

djembe

Schlagzeug

zestaw perkusyjny

Trompete

trąbka

Horn

róg

Saxophon

saksofon

Flöte

flet

Kopfhörer

słuchawki

singen

śpiewać

Notenblatt

nuty

Mikrofon

mikrofon